HÁBITOS PARA UMA VIDA EFICAZ

PENSAMENTOS DE
Stephen R. Covey

HÁBITOS PARA UMA VIDA EFICAZ

PENSAMENTOS DE
Stephen R. Covey

Tradução
Carolina Simmer

Revisão técnica
Renato A. Romero

1ª edição

Rio de Janeiro | 2016

CIP-BRASIL. CATALOGAÇÃO NA PUBLICAÇÃO
SINDICATO NACIONAL DOS EDITORES DE LIVROS, RJ

C914h
Covey, Stephen R., 1932-2012
Hábitos para uma vida eficaz / Stephen R. Covey; tradução Carolina Simmer. - 1. ed. - Rio de Janeiro: BestSeller, 2016.
176 p. : il. ; 23 cm.

Tradução de: An Effective Life
ISBN 978-85-7684-992-6

1. Liderança. 2. Motivação (Psicologia). I. Simmer, Carolina. II. Título.

16-32840
CDD: 658.4092
CDU: 65:316.46

Texto revisado segundo o novo Acordo Ortográfico da Língua Portuguesa.

Título original
AN EFFECTIVE LIFE

Copyright © 2016 by FranklinCovey Co.
Copyright da tradução © 2016 by FranklinCovey Co.
Franklin Covey e logo FC são marcas registradas da FranklinCovey Co. usadas sob permissão.

Ícones e ilustrações de www.shutterstock.com e Franklin Covey.

Adaptação de capa original e editoração eletrônica: Guilherme Peres

Todos os direitos reservados. Proibida a reprodução, no todo ou em parte, sem autorização prévia por escrito da editora, sejam quais forem os meios empregados.

Direitos exclusivos de publicação em língua portuguesa para o Brasil adquiridos pela
EDITORA BEST SELLER LTDA.
Rua Argentina, 171, parte, São Cristóvão
Rio de Janeiro, RJ – 20921-380
que se reserva a propriedade literária desta tradução.

Impresso no Brasil

ISBN 978-85-7684-992-6

Seja um leitor preferencial Record.
Cadastre-se e receba informações sobre nossos lançamentos e nossas promoções.

Atendimento e venda direta ao leitor:
mdireto@record.com.br ou (21) 2585-2002

*Dedicado a nossos netos, nascidos ou ainda por vir,
que nos inspiram constantemente.*

SUMÁRIO

Introdução   9

O início   12

Capítulo 1 - Deixe a natureza lhe ensinar sobre as leis naturais   19

Capítulo 2 - Deixe a natureza aumentar seu nível de autoconhecimento   41

Capítulo 3 - Deixe a natureza lhe ensinar sobre como cuidar de relacionamentos   67

Capítulo 4 - Deixe a natureza guiar suas escolhas   97

Capítulo 5 - Deixe a natureza lhe mostrar como se deve celebrar a diversidade   125

Diário pessoal   147
A experiência de uma vida mais eficaz

INTRODUÇÃO

Stephen R. Covey era um professor magistral.

Milhões de pessoas sabem disso. Não é exatamente um segredo. Mas o que as pessoas talvez não compreendam completamente é que Stephen R. Covey era um professor magistral porque, primeiro, foi um aluno magistral. Ele não nasceu sendo o Dr. Stephen R. Covey. Quando pequeno, brincando com os coleguinhas, não fazia discursos sobre os princípios da sinergia durante uma partida especialmente intensa de futebol. Mais velho, não dava palestras aos amigos que lhe visitavam sobre como é preciso priorizar as coisas mais importantes, enquanto guardavam os seus brinquedos antes de devorar o lanche da tarde. É uma ideia interessante. Mas não foi assim.

O Dr. Covey prestava atenção no mundo ao seu redor. Fazia perguntas. Buscava informações novas. E, quando descobria um princípio de conhecimento que o ajudaria a se tornar uma pessoa melhor, se agarrava a ele. Isso fica claro quando se lê *Os 7 hábitos das pessoas altamente eficazes*. As pessoas sempre lhe perguntavam: "Como? Como criou *Os 7 hábitos*?"

Ao ouvir isso, ele simplesmente sorria, levava um instante pensando, e então, no momento certo, respondia: "Eu não criei nada." É claro que o autor da pergunta ficava confuso com essa afirmação. Mas, antes que uma nova dúvida pudesse ser levantada, ele terminava de explicar.

"Eu escrevi o livro", respondia. "Mas os princípios já eram conhecidos muito antes de mim. Eles são como leis naturais", dizia. "Tudo que fiz foi juntá-los e sintetizá-los para as pessoas."

As conversas eram a sua sala de aula. Ao conhecê-lo, a pessoa era envolvida por seu forte aperto de mão, por sua presença convidativa. Independentemente de ser um parente, um amigo próximo ou um conhecido — mesmo que só tivesse dado de cara com ele na rua por acaso —, ela passaria as próximas horas imersa numa conversa profunda sobre família, amizade, trabalho... Sobre a vida.

Os ensinamentos que compartilhou são eternos. Ele passou mais de trinta anos estudando, praticando e incrementando os princípios apresentados em *Os 7 hábitos das pessoas altamente eficazes*. Sempre queria ensinar esses princípios, torná-los mais compreensíveis e práticos.

Por ele ter compreendido isso, o mundo se expandiu de forma impressionante. A próxima geração terá oportunidades diferentes de tudo que já vimos. Mas o mundo também diminuiu. A tecnologia nos conecta de maneira poderosa e, às vezes, perigosa. O conhecimento ao alcance de nossos dedos é ilimitado. E esse excesso de informações torna cada vez mais difícil diferenciar o certo do errado.

Ao interagir com o mundo, que perguntas você faz? As básicas são as primeiras a vir à mente, como, por exemplo: "Por que essa pessoa na faixa esquerda está dirigindo tão devagar?"

Essa pergunta parece surgir com frequência, especialmente durante a manhã e o fim da tarde. Naturalmente, uma das favoritas dos pais tende a ser: "No que você estava pensando?"

Não devemos nos prender muito a esse tipo de questionamento, principalmente porque suas respostas nunca são boas.

- Que perguntas você pode fazer para continuar aprendendo?
- Que conhecimento pode obter ao fazer as perguntas certas?
- Que mudanças você pode promover quando aceitar os novos conhecimentos que descobrir?
- Que tipo de disciplina é necessária para fazer com que essas mudanças virem parte do seu caráter verdadeiro?

Não existe eficácia sem disciplina, e não existe disciplina sem caráter. E não existe caráter sem antes pensar em perguntas e fazê-las.

Stephen R. Covey morreu em 2012. Mas ele nunca vai parar de ensinar. O que você encontrará nas próximas páginas é uma compilação dos seus pensamentos sobre assuntos relacionados a ter uma vida eficaz.

Ele acreditava de verdade que, se todos vivessem de acordo com *Os 7 hábitos*, o mundo seria um lugar melhor. Jim Collins disse alguns anos atrás que "nenhuma pessoa dura para sempre, mas livros e ideias sobrevivem".

Esperamos que, ao folhear estas páginas, você descubra a mensagem que vai além de uma simples lição.

Esperamos que a mensagem que ele transmitiu há tantos anos continue a tocar você, seus amigos e sua família.

— **Os colegas de Stephen Covey**

O INÍCIO

Inspire. Respire. Repita.

Geoff ia fazer aquilo. De verdade. Por alguns minutos, ia se desconectar. Ia aproveitar aquele clima maravilhoso. Ia sentar no banco ridiculamente desconfortável. Ia se deleitar com os sons da filha, Molly, brincando no parquinho.

Ele não ia checar o celular. Não ia manter o ouvido em constante alerta para o PING! que anunciava uma mensagem nova. Não ia...

PING!

Bem, só porque o ouvira não queria dizer que precisava verificá--lo. Ou até mesmo responder. A menos que fosse sua esposa. A menos que a esposa precisasse de alguma coisa. A menos que fosse urgente. Não queria se meter numa encrenca por não responder. Talvez devesse apenas olhar...

Geoff parou a mão na metade do caminho até o bolso quando ouviu uma voz baixinha sussurrar por cima de seu ombro: "Papai! Papai!"

Ele se virou para ver por que Molly sussurrava. Estava falando de Molly, afinal de contas. Ela achava que sussurrar era o mesmo que gritar devagar e cuspindo. Alguma coisa com certeza estava acontecendo.

"Papai, olha! Uma joaninha!"

E, de fato, se arrastando pelas mãos da menina estava uma joaninha pintadinha, procurando uma saída de sua prisão côncava temporária.

"Papai, conta as manchinhas para a gente descobrir quantos anos ela tem!"

"Pelas manchinhas?", perguntou o papai. "Não acho que isso seja verdade."

"Papai! Minha professora disse para contar as manchas. As joaninhas ganham uma manchinha nova de aniversário todo ano!"

Geoff estava pronto para insistir, com um pouco mais de firmeza, que isso simplesmente não era verdade. Mas foi poupado da briga — na qual Molly insistiria mais uma vez que sua professora era um gênio, ao contrário do pai — quando a joaninha finalmente lembrou que tinha asas e voou para longe das mãozinhas de Molly.

13

"Por que será que elas fazem isso?", perguntou Geoff.

"Fazem o quê?"

Ele sorriu. "Por que as joaninhas demoram tanto para lembrar que têm asas? Elas ficam presas. Podem voar a qualquer momento, mas não voam. Provavelmente pelo mesmo motivo que as pessoas também esquecem às vezes."
"Esquecem o quê, papai?"

"Que temos um poder dentro de nós. Tipo voar."
Molly riu. "Papai, você não voa."

Geoff suspirou. Não, não voava. Mas isso seria maravilhoso.
E com certeza tornaria o seu trajeto até o trabalho mais rápido.

"Srta. Molly, não sabe que mamães e papais conseguem fazer coisas extraordinárias? Talvez não possamos voar. Mesmo assim, somos bem legais. Mas, às vezes, nos esquecemos disso."

"Por que esquecem?"

"Acho que nos perdemos um pouco", respondeu Geoff. "Lembra como a joaninha ficava indo para a frente e para trás, sem parar, na sua mão? As pessoas também fazem isso. Elas ficam um pouco empacadas. E acham que isso é normal, porque veem outro inseto fazendo exatamente a mesma coisa. Mas nós não ficamos passeando pela mão de uma garotinha. O que fazemos se chama trabalho, e reuniões, e videoconferências, e até mesmo jogos de futebol dos filhos.

"É ruim ter que ir nos meus jogos?", perguntou Molly.

"Não, porque quando você joga eu lembro que tenho asas. Vejo você jogar e ser tão talentosa, e me lembro delas. Lembro que posso voar. Porque tive você. E você é fantástica."

"Papai", sussurrou Molly. Num tom de voz bem alto e cuspindo bastante. "Papai, você acha que eu também tenho asas?"

O desafio é enxergar. As lições estão ao nosso redor.

— STEPHEN R. COVEY

Stephen R. Covey acreditava que as melhores lições podem ser aprendidas simplesmente ao observar a natureza. Ele costumava dar seminários sobre liderança ao ar livre, inclusive, e prometia às pessoas presentes:

> Se você abrir sua mente para a natureza, para as pessoas ao seu redor e para os princípios eternos, vai descobrir respostas pessoais e específicas para os desafios e as oportunidades de liderança que enfrenta.

Ele chamava isso de a Promessa de Sundance, em homenagem ao resort Sundance, de Robert Redford, em Utah, localização de muitos retiros de liderança.

Assim como Geoff ensinou a Molly uma rápida lição baseada nas peculiaridades de uma joaninha, o Dr. Covey acreditava que a natureza sempre ensina grandes verdades, se estivermos dispostos a abrir nossas mentes para aprender.

As páginas a seguir contêm princípios eternos e verdadeiros ditos pelo Dr. Covey, relacionados especialmente às verdades sobre a vida que todos podem aprender com a natureza. Cada mensagem é uma citação direta dele e ensina uma lição fundamental sobre como levar uma vida mais eficaz.

Porém, independentemente da força e da beleza da mensagem, ela será inútil se não for posta em ação. Será inútil se não for adotada. Como o Dr. Covey gostava de dizer: "Saber e não fazer na verdade é não saber."

Ter uma vida mais eficaz não é o mesmo que ter uma vida mais eficiente. Este livro não é sobre ter uma vida melhor com o mínimo de esforço pessoal possível. Este livro ensina a viver uma vida mais eficaz ao optar por:

- **Deixar a natureza lhe ensinar sobre as leis naturais:**
Reconheça e siga princípios encontrados nas leis da natureza;

• **Deixar a natureza aumentar seu nível de autoconhecimento:** Examine paradigmas pessoais para se tornar mais ciente deles e aceitar responsabilidade por suas ações;

• **Deixar a natureza lhe ensinar sobre como cuidar de relacionamentos:** Busque oportunidades para ser um líder na sua vida pessoal e nos seus relacionamentos ao voltar seu foco diário para pessoas, não para coisas;

• **Deixar a natureza guiar suas escolhas:** Encontre poder ao tomar as decisões corretas;

• **Deixar a natureza lhe mostrar como se deve celebrar a diversidade:** Celebre as diferenças ao seu redor.

Este livro não foi projetado para ser simplesmente lido, mas para ser sentido. A mensagem é poderosa, prática e imediatamente aplicável e comunicada através de citações, experiências e infográficos.

Ao final do livro, você encontrará o Diário pessoal: A experiência de uma vida mais eficaz. Se desejar aplicar tudo o que leu, o diário pessoal poderá ajudar. Ao fazer perguntas introspectivas, esperamos lhe fornecer uma ferramenta capaz de esculpir os degraus que levarão à mudança desejada. Por favor, tire proveito de cada uma das páginas.

Todo este livro foi escrito para ajudar os leitores no rumo para uma vida mais eficaz. Caminhe conosco.

CAPÍTULO I

Deixe a natureza lhe ensinar
sobre as leis naturais

SUCESSO

Não importa o quão bem-sucedido ou rico você se torne ou quantas conquistas alcance, o melhor sentimento que se pode ter é ser capaz de voltar à forma mais pura da natureza, caminhar pela grama, estar cercado por árvores.

A natureza o tira do estresse, das atribulações que você mesmo cria na sua vida ao ir para todos os lugares e chegar a lugar nenhum.

Você se torna capaz de pensar e de ser mais introspectivo.

Você se torna capaz de olhar para dentro de si, de criar um ambiente calmo.

E, sem esses momentos de calmaria, você não consegue ter pensamentos profundos.

Você não consegue elaborar planos de verdade.
Você simplesmente reage, então passa o tempo todo tentando resolver crises, e comete erros.

Você toma decisões rápidas sem planejamento ou preparo.

Você não pensa de fato sobre a visão do que deseja e sobre as consequências de suas escolhas.

A realidade é que a natureza é onde mais nos sentimos em casa.

É lá que as realidades mais básicas da vida se tornam claras.

Quando tentamos nos sentir à vontade num mundo artificial, pensando que estamos no controle, olhando para a vida através de paradigmas mecânicos, tentando "consertar" outras pessoas e encontrar realização ao cumprir itens das nossas listas de afazeres é que nos tornamos cínicos e amargurados, correndo cada vez mais rápido — como um rato numa roda.

É como dizem: "O peixe sempre descobre a água por último."

A BUSCA POR CONTEXTO

Aprendi a organizar meu horário de forma a sempre ver um belo pôr do sol ao oeste enquanto dirijo de volta para casa.

Isso me acalma.

Isso me dá perspectiva.

Penso: "Há um engarrafamento horroroso na minha frente. Estou cercado por caminhões. A situação é terrível, e nada de bom pode sair dela.

Mas olhe só para este pôr do sol sensacional!
Olhe só para estas nuvens.

Olhe para os reflexos nas montanhas.

Olhe como a neve brilha nas montanhas."

Isso dá contexto às coisas.

A MUDANÇA É UMA PARTE FUNDAMENTAL DA VIDA

A natureza ensina que a mudança é uma parte fundamental da vida.

Sementes mudam. Estações mudam. O clima muda. Pessoas mudam.

Somos parte de um ambiente dinâmico, crescente, sempre em mutação.

Através da mudança, criamos organizações melhores, equipes mais produtivas, famílias mais harmoniosas, aprimoramos a nós mesmos.

O problema surge quando tentamos criar mudanças como se vivêssemos em um ambiente estático. Tentamos consertar pessoas, instaurar planos ou reparar relacionamentos como se eles fossem peças quebradas e isoladas de um único aparelho mecânico.

A PROMESSA DE SUNDANCE

Se você abrir sua mente para a natureza, para as pessoas ao seu redor e para os princípios eternos, vai descobrir respostas pessoais e específicas para os desafios e as oportunidades de liderança que enfrenta.

A ANEDOTA DO ESCOTEIRO

A história é a seguinte: "No passado distante em que eu era escoteiro, tive um líder de tropa que era um amante da floresta e naturalista veemente. Ele nos levava para fazer trilhas sem dizer uma palavra e então nos desafiava a descrever o que tínhamos visto: árvores, plantas, pássaros, animais selvagens, tudo. Invariavelmente, não víamos um quarto do que ele via, nem metade do que seria suficiente para satisfazê-lo.

"'A criação está ao seu redor', gritava ele, agitando os braços em vastos círculos. 'Mas vocês não se aproximam dela. Não sejam essas pessoas abotoadas da cabeça aos pés! Parem de usar capa de chuva dentro do chuveiro!'"

APRENDA COM O DIA DE HOJE

Um amigo certa vez me disse acreditar que todos os seres vivos, sejam eles plantas, animais ou insetos, têm seu próprio hábitat natural. E que se um ser vivo deseja ser saudável e normal, ele precisa viver nesse ambiente.

Segundo ele, "o hábitat natural do ser humano é um jardim". É esse o lugar onde somos biologicamente realistas.

Quando os olhos veem os galhos de uma árvore se balançando ao vento ou as nuvens que se movem silenciosamente pelo mar de espaço, ou quando os ouvidos escutam o som de água corrente ou do canto dos pássaros, isso ajuda a tranquilizar a alma.

A tranquilidade leva ao pensamento criativo dinâmico e à comunicação criativa.

"Mas os seres humanos agora são obrigados a viver com o barulho de telefones, motores, sirenes e apitos. Seus olhos são forçados a observar um mundo feito de concreto, escapamento de carros, postes de luz, cabos telefônicos, bagunça e lixo. Tudo isso produz tensão em vez de tranquilidade."

A chave é aprender com a natureza e com o mundo ao seu redor. É aprender com o dia de hoje.

NA NATUREZA, HÁ ESTAÇÕES.

Existe o momento para preparar e plantar, o momento para regar e cuidar, o momento — geralmente um momento bastante intenso — para colher.

Apesar de haver algumas estações desequilibradas, cada uma delas contribui para o equilíbrio geral.

Nossas vidas e carreiras também têm estações.

Um novo bebê, um novo cliente ou um novo desafio podem trazer estações confusas.

Mas, se lidadas com eficácia, até mesmo essas estações desequilibradas ajudam a criar o equilíbrio geral.

Na sua busca por uma vida eficaz, haverá dificuldades.

A natureza ensina o valor das dificuldades e dos desafios.
A corrente turbulenta purifica a água.

Ao lutar para sair do casulo, a borboleta ganha força
 suficiente para voar. Em nossas próprias vidas e carreiras,
o exercício de nossos músculos — físicos, mentais ou morais —
nos dá força e previne o atrofiamento.

O líder aprende a aprender com os desafios, os fracassos e os
problemas cotidianos para melhorar sua vida.

A LEI DA COLHEITA

Considere a Lei da Colheita. Ela diz que é ridículo pensar que se pode ficar à toa a primavera inteira, brincar durante todo o verão, jogar um monte de sementes no chão no início do outono e ter uma colheita generosa duas semanas depois. Essa mesma lei também diz que não há possibilidade de você ignorar o planejamento e o preparo, evitar aprofundar seus relacionamentos e fugir dos problemas, e obter uma família (ou uma empresa) forte e eficaz.

A mensagem é também que você colherá o que plantou. Se, enquanto líder, você plantar sementes de desconfiança ao mentir, ser falso, usar pessoas ou se envolver em jogos políticos, nunca vai colher os benefícios duradouros de um ambiente de confiança. Pode até ver alguns resultados aparentes em curto prazo, mas eles jamais irão perdurar.

Em longo prazo, a Lei da Colheita é o que vale. Você é simplesmente incapaz de violar as regras que governam o crescimento e sair impune. Em outras palavras, se plantar ervas daninhas, nunca colherá ervilhas.

Sim, ainda será necessário lidar com aspectos desconhecidos. Como o fazendeiro, você não pode prever exatamente o que acontecerá com a sua safra a cada ano. Às vezes a imprevisibilidade do clima e de outros fatores irá mudar a época da colheita. Algo no ambiente pode até mesmo destruir toda a safra. Mas, mesmo assim, você aprende que, se continuar preparando o solo, plantando, adubando e fazendo de tudo para ser um bom administrador, com o tempo vai acabar colhendo o que plantou.

Apesar de nem sempre ser possível prever tais eventos individuais, o padrão dos acontecimentos pode ser imaginado. Se você tem princípios, age de acordo com eles e tem fé nos resultados, os problemas desaparecerão um dia.

LIÇÕES DO JARDIM

Meu jardim me ensinou como ser um bom amigo e um bom parente. Ele me ensinou que você precisa cuidar dos seus relacionamentos. E também me ensinou que, para aproveitar os frutos da vida, é preciso trabalhar.

Trabalhar é cansativo. Às vezes é difícil visualizar o progresso. Mas as sementes crescem e dão frutos. Acho que cuidar do meu jardim, associando essa experiência com minha educação e filosofia, me ajudou a compreender e apreciar tudo que encontro na vida.

CAPÍTULO 2

Deixe a natureza aumentar seu nível de autoconhecimento

LIBERDADE TOTAL

Liberdade total é ter o direito e o poder de decidir como somos afetados por qualquer um ou qualquer coisa além de nós mesmos.

INTROSPECÇÃO OBJETIVA

Até sermos capazes de ver a nós mesmos de forma objetiva, continuaremos projetando nossas justificativas em outras pessoas automaticamente.

O TER E O SER

Uma forma de determinar em qual círculo está nossa atenção é distinguindo entre o ter e o ser.

O CÍRCULO DE PREOCUPAÇÃO É OCUPADO PELO TER:

1 "Serei feliz quando tiver minha casa própria."

2 "Se ao menos eu tivesse um chefe que não fosse um ditador..."

3 "Se ao menos eu tivesse um marido mais paciente..."

4 "Se eu tivesse filhos mais obedientes..."

5 "Se eu tivesse um diploma..."

6 "Se eu pudesse ter mais tempo para mim mesmo..."

O CÍRCULO DE INFLUÊNCIA É OCUPADO PELO SER:

É O FOCO NO CARÁTER

Sempre que pensarmos que o problema está "lá fora", o problema é esse pensamento. Nós deixamos que fatores externos nos controlem. O paradigma de mudança é "de dentro para fora" — nós só nos tornamos capazes de mudar quando o "lá fora" muda.

UMA VIDA EFICAZ

Passei minha vida inteira estudando maneiras de ser eficaz. A eficácia pessoal e a interpessoal são vitais. Mas elas são apenas o preço de entrada do mundo atual. Hoje em dia, a exigência é por uma capacidade de liderança excelente. Tornar-se um grande líder é uma jornada, e como todas as jornadas dignas de serem feitas, ela apresentará desafios significativos, assim como triunfos emocionantes. Seja bem-vindo à jornada.

LÍDER — OU VÍTIMA

Essa é essencialmente a escolha que todos enfrentamos hoje em dia. E, cada vez mais, não existe meio-termo. Ou nos tornamos líderes eficazes — em nossas empresas, nossas famílias, nossas comunidades, e até mesmo nossas vidas pessoais —, ou somos dominados pelas circunstâncias que nos cercam.

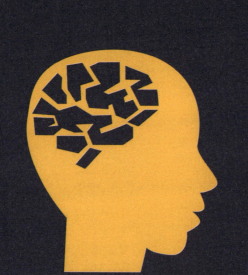

Cada hábito depende do desenvolvimento de seu senso de proatividade. Cabe a você ter a responsabilidade de agir. Se esperar que outra pessoa tome as rédeas da situação, é isso que acontecerá. E cada uma das estradas que decidir seguir tem consequências referentes ao seu crescimento e às oportunidades que recebe.

SOB ATAQUE

Talvez você esteja se perguntando: "Como posso optar pela sinergia positiva quando estou sendo atacado por outras pessoas?"

Apesar de ser impossível controlar os paradigmas dos outros, você pode ser sinérgico consigo mesmo ainda que esteja no meio de um ambiente muito problemático.

Você pode optar por não se deixar ofender, pode conversar com seu adversário e ouvir com empatia o que ele tem a dizer.

Isso aumentará sua perspectiva, e talvez ocorra de a empatia por si só ser capaz de amenizar o conflito.

A DISCIPLINA VEM DE DENTRO

Se você for um gerente eficaz de si mesmo, sua disciplina vem de dentro; é uma função da sua vontade independente.

Você é um discípulo, um seguidor, dos seus próprios valores profundos e da fonte deles. E você tem a força, a integridade, de subordinar seus sentimentos, seus impulsos, seus humores a tais valores.

A INTRODUÇÃO DO LÍDER QUE EXISTE DENTRO DE CADA UM

Eu não defino líder como um dos poucos que acabaram em grandes papéis e posições de liderança. Nós estamos acostumados a pensar em líderes como pessoas com títulos, como CEO ou presidente.

Essa visão de liderança é uma construção da Era Industrial, mas já estamos bem longe dessa linha de pensamento hierárquica. Falo da habilidade de liderar a sua própria vida, de ser um líder entre os seus amigos, de ser um líder para a sua família; de ser a força ativa e criativa da sua própria vida.

Verdadeiros líderes definem sucesso à sua própria maneira. Não esperam que os outros o definam por eles, porque veem a si mesmos como pessoas poderosas e talentosas.

Eles não competem com ninguém além de si mesmos. Em termos econômicos, são os únicos provedores do que têm a oferecer, então podem leiloar seus talentos para a maior oferta.

Esses líderes criam seu próprio futuro e respeitam a si mesmos e aos outros.

REESCREVENDO A HISTÓRIA: COMO SE TORNAR O PRIMEIRO CRIADOR DE SI PRÓPRIO

OS DOIS TALENTOS ADICIONAIS E EXCLUSIVOS DOS SERES HUMANOS QUE NOS PERMITEM AUMENTAR A PROATIVIDADE **EXERCITAR** A LIDERANÇA PESSOAL EM NOSSAS VIDAS SÃO:

1. *imaginação*

ATRAVÉS DA IMAGINAÇÃO

SOMOS CAPAZES DE VISUALIZAR
OS MUNDOS INÉDITOS
DE POTENCIAL QUE EXISTEM DENTRO DE NÓS, E

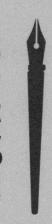

2. *consciência*

ATRAVÉS DA CONSCIÊNCIA

SOMOS CAPAZES DE ENTRAR EM CONTATO COM LEIS OU PRINCÍPIOS UNIVERSAIS USANDO NOSSOS PRÓPRIOS TALENTOS SINGULARES E MÉTODOS DE CONTRIBUIÇÃO.

JUNTO COM O AUTOCONHECIMENTO, ESSES DOIS TALENTOS NOS TORNAM CAPAZES **DE ESCREVER NOSSA PRÓPRIA HISTÓRIA.**

Como já vivemos de acordo com muitas histórias que nos foram entregues, o processo de escrever a sua própria é, na verdade, mais uma questão de "reescrever" ou de trocar de paradigma — de mudar alguns dos paradigmas básicos que já temos. Conforme identificamos histórias ineficazes e paradigmas incorretos ou incompletos dentro de nós, podemos começar a reescrever a nós mesmos de forma proativa.

CAPÍTULO 3

Deixe a natureza lhe ensinar sobre como cuidar de relacionamentos

A PESSOA CERTA

Amar a pessoa certa funciona porque é um paradigma focado em pessoas, não em coisas; é focado em relacionamentos, não em planos; é focado na eficácia, não na eficiência; é focado na liderança pessoal, não na administração de recursos.

SACRIFÍCIO

Para ser eficaz, é preciso sacrificar nosso orgulho e buscar humildade. Essa é a natureza do sacrifício necessário nos dias de hoje — o sacrifício do ego. Precisamos iniciar relacionamentos com o espírito de respeito mútuo.

O QUE SIGNIFICA COMEÇAR UMA TAREFA COM O OBJETIVO EM MENTE

O ALÉM É A MANHÃ INFINITA
DE UM DIA SEM AMANHÃ.
(W.S. ABBOTT)

Quando olho para os túmulos de pessoas importantes, todo sentimento de inveja dentro de mim morre; quando leio os epitáfios de pessoas lindas, todo desejo excessivo dentro de mim se esvai; quando vejo o sofrimento de pais diante de uma lápide, meu coração se derrete em compaixão;

quando vejo o túmulo dos próprios pais, penso na vaidade de sofrer por aqueles que logo seguiremos;

quando vejo reis jazendo aos pés daqueles que os depuseram, quando penso em cérebros rivais sendo postos lado a lado, ou nos homens santos que dividiram o mundo com suas guerras e disputas, reflito com pesar e choque sobre as pequenas competições, facções e discussões da humanidade.

Quando leio as várias datas nos túmulos, de alguns que se foram ontem e outros, seiscentos anos atrás, penso na época maravilhosa em que todos seremos contemporâneos.

OLHE PRIMEIRO PARA SI MESMO

Para melhorar os seus relacionamentos, não espere que os outros mudem e não procure atalhos fáceis.

Olhe para si mesmo. Primeiro, seja sincero consigo próprio — as raízes dos seus problemas são espirituais, assim como as soluções.

Construa seu caráter e seus relacionamentos sobre um alicerce de princípios.

CONFIANÇA

A confiança é a cola da vida. É o ingrediente mais essencial para a comunicação eficaz. É o princípio fundamental que mantém todos os relacionamentos.

JULGAMENTO PONDERADO

Julgamos a nós mesmos pelas nossas intenções, e os outros por suas ações.

Talvez você seja capaz de comprar as mãos ou as costas de alguém, mas jamais conseguirá comprar o coração, a mente e o espírito das pessoas. Essas coisas só podem ser oferecidas por vontade própria.

BARREIRAS E RELACIONAMENTOS

Neste mundo, as barreiras mais desafiadoras não são aquelas entre países, mas entre as pessoas. Estas são, em geral, invisíveis, mas criam obstáculos para a confiança, a comunicação e a criatividade. Nos dias de hoje, simplesmente não podemos arcar com as consequências dessas barreiras.

Imagine os custos incalculáveis para as pessoas e as empresas quando o departamento de vendas e o de marketing não se dão bem, quando há desconfiança entre os funcionários e a administração, ou quando as pessoas sentem que não podem se abrir ou ser sinceras por causa da política, das fofocas ou do gerenciamento agressivo no ambiente de trabalho.

A chave para acabar com essas barreiras é a prática do Hábito 4, Pense Ganha/Ganha; do Hábito 5, Procure Primeiro Compreender, Depois Ser Compreendido; e do Hábito 6, Crie Sinergia.

As pessoas precisam da força interior para pensar em termos de "nós", não de "eu". Precisam compreender, não responder. E quando acreditam de verdade em Terceiras Alternativas, que existe algo realmente melhor lá fora apenas esperando para ser criado, coisas maravilhosas podem acontecer. Pode acontecer na sua empresa ou na sua vida. Pode acontecer em qualquer relacionamento, e quer saber?
Só é necessário que uma pessoa tome o primeiro passo.

Que barreiras precisam ser destruídas nos seus relacionamentos?

FAMÍLIA

ASSIM COMO É SUA FAMÍLIA, SEU CAMINHO SERÁ PESSOAL E ÚNICO

O DE TODO MUNDO É.

É o que cria sinergia e felicidade em relacionamentos e compartilhamentos.

Todos nós seguimos caminhos diferentes.

MUDANÇAS POSITIVAS

A empresa, a comunidade, a família, até mesmo o indivíduo — tudo isso é um sistema ecológico complexo e altamente interligado.

Toda parte tem uma ligação viva com cada uma das demais. Qualquer mudança em uma delas afeta todas as outras. Quando aprendemos a ver problemas de liderança como partes de sistemas vivos, isso muda dramaticamente a forma como lidamos com eles. Para o líder eficaz, a mudança é uma amiga, uma companheira, ferramenta poderosa, a base do crescimento.

Liderança se trata de criar mudanças positivas.

OUVIR COM EMPATIA E CORRIGIR MAL-ENTENDIDOS

Eu me lembro de certa ocasião em que estava escrevendo num quarto no litoral norte de Oahu, no Havaí. Uma brisa fresca soprava, então abri duas janelas para manter o ambiente refrescado — uma na frente e outra na lateral. Havia vários papéis espalhados, separados por capítulos, em uma grande mesa.

De repente, a brisa começou a ficar mais forte e a bagunçar meus papéis. Lembro da sensação agitada de perda que senti pelas coisas não estarem mais em ordem, incluindo páginas que não haviam sido numeradas. Comecei a correr pelo quarto, tentando desesperadamente colocar tudo no lugar.

Finalmente, percebi que seria melhor perder dez segundos para fechar uma das janelas.

Ouvir com empatia é algo que leva tempo, porém muito mais demorado é voltar e corrigir mal-entendidos quando já se está longe na estrada, refazer as coisas, viver com problemas reprimidos e não resolvidos, lidar com os resultados de não deixar as pessoas respirarem psicologicamente.

Um ouvinte sensato e empático consegue rapidamente compreender o que está acontecendo lá no fundo. Ele é capaz de demonstrar tamanha aceitação, tamanha compreensão, que as pessoas se sentem seguras para se abrir e lhe contar cada vez mais coisas, até chegarem àquele núcleo interno onde o problema realmente se encontra.

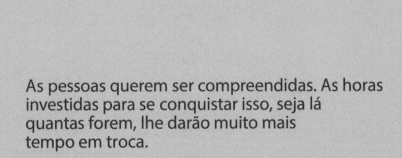

As pessoas querem ser compreendidas. As horas investidas para se conquistar isso, seja lá quantas forem, lhe darão muito mais tempo em troca.

CAPÍTULO 4

Deixe a natureza guiar suas escolhas

CORAGEM E INTEGRIDADE

Precisamos de muita coragem para seguir princípios corretos em nossas vidas e para ter integridade em momentos de decisão.

ESCOLHA SEGUIR EM FRENTE

Vivemos demais de memórias e de menos de imaginações — demais do que é ou do que foi, de menos do que pode ser. É como tentar dirigir em frente olhando apenas para o espelho retrovisor.

LEVE CONSIGO SEU PRÓPRIO CLIMA

O que significa ver e ouvir a natureza? E o que significa carregar consigo seu próprio clima?

IMAGINE QUE É MANHÃ DE SEGUNDA-FEIRA E ESTÁ CHOVENDO.

É um dia cinza e melancólico. Em manhãs assim, talvez haja uma desculpa **para nós mesmos nos sentirmos cinzas** e **melancólicos**.

Ficamos de mau-humor e **o dia todo parece ir mal.**

VOCÊ NÃO SE SENTE MELHOR QUANDO O TEMPO LÁ FORA ESTÁ ÓTIMO?

Mas e se pudesse levar consigo seu próprio clima?

Quando você faz isso, pode **escolher** agir de forma consistente, não importa a maneira como as pessoas o tratam. Levar consigo o seu próprio clima significa ser **proativo**.

Ser **reativo** é o oposto de ser proativo. Ser reativo significa não tomar responsabilidade por sua própria vida. Você sempre enxerga a si mesmo como vítima do clima, dos seus humores, de alguém que o persegue.

Nós temos o poder e a liberdade para escolher. Temos o poder para criar nosso próprio clima todos os dias.

O que você vai escolher?

QUEM SOU EU?

Não sou produto das minhas circunstâncias.
Sou produto das minhas decisões.

MUDANÇAS SÃO CONSTANTES, COMPLEXAS E GERALMENTE RÁPIDAS.

NÃO PODEMOS CONTROLÁ-LAS.

Quando tentamos, elas se
tornam assustadoras, ameaçadoras.

**MAS PODEMOS APRENDER A
COMPREENDÊ-LAS, A TRABALHAR EM
HARMONIA COM ELAS, A INFLUENCIÁ-LAS,
E ATÉ MESMO A CULTIVÁ-LAS.**

A ESCOLHA

A capacidade de escolha é o *summum bonum* do poder humano. Ela nós torna capazes de lidar de forma eficaz tanto com mudanças quanto com a ausência delas. Apesar de o homem não ser a única entidade na natureza que consegue tomar decisões, está claro que pelo menos duas características são particulares sobre as escolhas humanas.

A primeira é que humanos têm a maior variedade de opções. Eles são capazes, ao mesmo tempo, dos atos mais degradantes e dos mais belos e edificantes em toda a natureza.

A segunda é que humanos fazem escolhas morais. É o escopo e a natureza da capacidade humana de tomar decisões que nos tornam responsáveis por administrar de forma respeitosa o restante da criação.

Nossa capacidade de fazer escolhas prova que cada um de nós é um líder.

REAÇÃO

NA LITERATURA CONSAGRADA DE TODAS AS SOCIEDADES PROGRESSISTAS, AMOR = VERBO.

PESSOAS REATIVAS FAZEM DO AMOR UM *sentimento*.

PESSOAS REATIVAS SÃO MOTIVADAS POR = SENTIMENTOS

HOLLYWOOD NOS DOUTRINOU
PARA ACREDITARMOS QUE

1. NÃO SOMOS RESPONSÁVEIS,
2. SOMOS UM PRODUTO DE NOSSOS SENTIMENTOS.

MAS O ROTEIRO DE HOLLYWOOD ≠ REALIDADE.
SE NOSSOS SENTIMENTOS CONTROLAM NOSSAS AÇÕES, É PORQUE

1. ABDICAMOS DE NOSSA RESPONSABILIDADE
2. PERMITIMOS QUE ISSO ACONTEÇA.

PESSOAS PROATIVAS ENTENDEM O AMOR COMO UM VERBO.

AMOR É ALGO QUE SE FAZ.

ESCOLHAS E PRINCÍPIOS ETERNOS

Nossa capacidade de fazer escolhas prova que cada um de nós é um líder. Todo dia, tomamos decisões que afetam a direção de nossas vidas, nossas famílias, nossas empresas, nossas comunidades. Quando escolhas são feitas com pouca ou nenhuma compreensão das leis naturais, elas tendem a ser simplistas, reacionárias, míopes ou egoístas. O preço a ser pago é bem caro.

Fundamentalmente, quase todo fracasso pessoal ou empresarial é causado por escolhas erradas. Mas, quando aprendemos a tomar decisões com base em princípios eternos — a lidar com mudanças e criá-las com base nas leis naturais e eternas —, temos resultados positivos. Nossas escolhas refletem sabedoria e promovem contribuição. Nós reconhecemos que os outros também têm opções. Tendemos a seguir um estilo de liderança que respeita isso, que libera o potencial humano em vez de tentar controlar comportamentos.

Para líderes, os momentos de escolha são os mais desafiadores.

A COMPREENSÃO DE TRANSFORMAÇÕES E MUDANÇAS

Para trabalharmos com mudanças de forma eficaz, precisamos compreendê-las, respeitá-las.

Um fazendeiro pode não entender cada reação bioquímica que torna possível o crescimento das colheitas, mas quanto mais compreende os processos naturais envolvidos no plantio, nos cuidados e no crescimento das plantas, mais produtivo ele se torna.

A ESCOLHA CONSCIENTE

Então, como podemos aprender a tomar decisões melhores?

Podemos escolher valorizar princípios.

Podemos escolher olhar além da fina camada de condicionamento social, analisando com mais profundidade a natureza real da vida e da liderança.

Podemos procurar por princípios, tentar compreendê-los de verdade, aplicá-los e viver em harmonia com eles.

Princípios controlam consequências; valores controlam comportamentos.

Quanto mais nossos valores estiverem em harmonia com os princípios, melhores serão nossas decisões... E mais paz interna sentiremos.

VISUALIZAÇÃO E AFIRMAÇÃO

Posso usar a **força** de **visualização** do meu **lado direito do cérebro** para escrever uma **"afirmação"** que irá me ajudar a me tornar mais congruente com meus **valores mais profundos** em minha vida diária.

UMA BOA *AFIRMAÇÃO* TEM 5 INGREDIENTES BÁSICOS:

ela é:

PESSOAL

POSITIVA

VISUAL

NO TEMPO PRESENTE

EMOCIONAL

Então posso
escrever algo assim:

"É PROFUNDAMENTE SATISFATÓRIO (EMOCIONAL) SABER QUE EU (PESSOAL) REAJO (NO TEMPO PRESENTE) COM SABEDORIA, AMOR, FIRMEZA E AUTOCONTROLE (POSITIVA) QUANDO MEUS FILHOS SE COMPORTAM MAL."

CAPÍTULO 5

Deixe a natureza lhe mostrar como se deve celebrar a diversidade

DE ONDE TIRAMOS NOSSAS FORÇAS?

A força surge das diferenças, não das similaridades.

A FAMÍLIA É A MAIOR EXPRESSÃO DA SINERGIA.

Existe um milagre na conexão transformadora e íntima que pode ocorrer em um casamento.

O recém-nascido é a maior das maravilhas da sinergia. Um bebê é, por natureza, uma mistura especial de ambos os pais.

De todos os piores problemas da vida, conflitos familiares são os mais devastadores.

Isso é uma grande ironia.

Em nosso lar, podemos sentir os níveis mais sublimes de sinergia e alegria ou os aborrecimentos mais profundos. Acredito que nenhum sucesso na vida possa compensar um fracasso dentro do próprio lar. Às vezes casamentos terminam por motivos justos, mas com uma frequência cada vez maior, terminam porque maridos e esposas acabam desencorajados devido às suas diferenças. É comum que as pessoas citem incompatibilidade como motivo para um divórcio. A palavra "incompatibilidade" cobre uma série de problemas: financeiros, emocionais, sociais, sexuais e muitos outros. Mas, geralmente, incompatibilidade se trata do ressentimento pelas diferenças, em vez da valorização das diferenças.

SINERGIA NÃO SE TRATA APENAS DE SOLUCIONAR O CONFLITO OU CHEGAR A UM MEIO-TERMO.

Quando chegamos à sinergia, transcendemos o conflito.

Vamos além, para algo renovado, algo que anima a todos com novas possibilidades e que transforma o futuro.

A sinergia é melhor do que a minha opinião ou a sua opinião.
A sinergia é um milagre.

Ela está a todo redor. É um alicerce que trabalha através do mundo natural. A sequoia funde suas raízes para se manter firme contra o vento e cresce a alturas inacreditáveis. Os pássaros voando em V conseguem percorrer quase o dobro da distância que uma ave seria capaz sozinha, por causa da corrente de ar criada pelo bater de suas asas. O todo é maior e melhor do que a soma das partes.

SENTINDO A SINERGIA REAL

Depois que as pessoas sentem sinergia de verdade, nunca mais são as mesmas. Elas sabem da possibilidade de ter tais aventuras mentalmente expansivas no futuro.

Muitas vezes são feitas tentativas de recriar uma experiência sinergética específica, mas é raro que isso funcione.

No entanto, o propósito essencial por trás do trabalho criativo pode ser recapturado. Como diz a filosofia do Extremo Oriente, "Não buscamos imitar os mestres, mas sim o que eles buscaram". Nós não buscamos imitar experiências sinergéticas criativas passadas, mas sim experiências novas com propósitos novos, diferentes e, às vezes, superiores.

SINERGIA E COMUNICAÇÃO

A sinergia é algo animador. A criatividade é algo animador. É fenomenal o que pode ser produzido por uma mente aberta e pela comunicação. As possibilidades de verdadeiramente se obter ganhos significativos, ou melhoras significativas, são tão reais que fazem valer a pena os riscos de se abrir a mente.

O CORAÇÃO DE OUTRA PESSOA

Faço parte de um fórum internacional dedicado a melhorar o relacionamento entre o Ocidente e a comunidade islâmica mundial. Alguns dos diplomatas mais proeminentes do mundo participam desse fórum.

Não faz muito tempo que me convidaram para uma reunião com o propósito de ensinar sobre a mentalidade e as práticas da Sinergia e a reflexão de Terceiras Alternativas. Passamos alguns dias juntos, aprendendo e praticando os princípios de se ouvir com impacto e adquirindo habilidades para realmente compreender cada pessoa. Todos foram desafiados a realmente ouvir com atenção, a se abrirem para visões contrárias e a sentirem o coração de outra pessoa.

Foi uma das experiências mais profundas da minha vida. Ao passarmos por esse processo, notei que aquele distinto grupo estava se transformando completamente. Pessoas de lados opostos em quase todos os aspectos — culturais, sociais, religiosos e mui-

tos outros — começaram a se compreender, se respeitar e até mesmo se amar. Uma das diplomatas me disse que nunca vira nada tão poderoso e revolucionário na vida e que essa filosofia poderia revolucionar totalmente a diplomacia internacional.

VALORIZE AS DIFERENÇAS

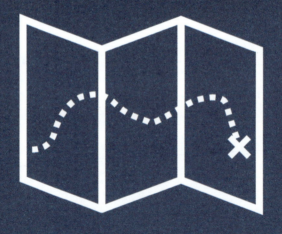

Casamentos só se tornam bem-sucedidos quando os parceiros valorizam suas diferenças.

Para eles, a cultura, os hábitos, os talentos, as qualidades, os reflexos e os instintos que cada parceiro acrescenta ao casamento se tornam fontes de apreciação, prazer e criatividade.

Por exemplo, a impaciência de um marido pode fazer com que ele seja péssimo em controlar gastos, mas sua espontaneidade o torna divertido. A maneira reservada da esposa pode frustrá-lo de tempos em tempos, mas seus modos aristocráticos o encantam e o deixam maravilhado.

E, por valorizarem tanto um ao outro, formam juntos uma mistura única de alegria e dignidade. Por causa de sua capacidade de celebrar diferenças, eles criam uma cultura familiar particular e preciosa.

QUANDO AS PESSOAS ATINGEM A SINERGIA, SEUS CORAÇÕES SÃO COMPREENDIDOS.

Nesse momento, suas mentes se tornam abertas, criativas e corajosas. A necessidade de se defender some, o medo se dissipa e a criatividade emerge.

Você alcança um ponto de virada em que as pessoas deixam de aceitar o inaceitável e seguem juntas em frente para um futuro abundante.

Precisamos dar um basta em nossos hábitos e dar um basta na destruição. A perda de vidas e a devastação infligida em tantas pessoas podem ser impedidas. Isso começa com cada um de nós, em nossos círculos de influência, sejam eles em nosso lar, em nosso trabalho ou em nossa comunidade. Podemos servir de exemplo e criar paz no mundo. E expandir nossa influência para ajudar outras pessoas a descobrirem a paz.

INTER-RELACIONAMENTOS

Na natureza, tudo está relacionado a tudo. Considere o complexo inter-relacionamento da cadeia alimentar, os microrganismos no solo que permitem que as plantas vivam, o efeito da fotossíntese — luz que transforma a clorofila da planta em açúcar, criando alimento para outras criaturas vivas. Uma rápida análise da natureza já começa a revelar níveis complexos de inter-relacionamentos.

O problema para nós enquanto líderes surge quando olhamos para nossa empresa em termos de partes mecânicas e isoladas, em vez de um conjunto orgânico e altamente inter-relacionado.

A natureza nos ensina que empresas, famílias e comunidades também são ecossistemas complexos. O que acontece em uma parte afeta todas as outras. Ela também nos ajuda a perceber que todo indivíduo é importante, e que cada um contribui para o bem de todos.

STEPHEN R. COVEY foi uma autoridade em liderança, especialista em famílias, professor, consultor de empresas e autor internacionalmente respeitado, que dedicou sua vida a ensinar a construir famílias e empresas seguindo métodos de vida e de liderança baseados em princípios. Covey tinha um MBA pela Universidade de Harvard e doutorado pela Universidade Brigham Young, na qual foi professor de comportamento organizacional e gerenciamento de negócios, além de trabalhar como diretor de relacionamentos da universidade e assistente do reitor.

O Dr. Covey escreveu vários livros aclamados, incluindo o best--seller internacional *Os 7 hábitos das pessoas altamente eficazes*, que foi nomeado o Livro de Negócios Mais Influente do Século XX e um dos dez livros de gerenciamento mais influentes de todos os tempos. Foram vendidas mais de 25 milhões de cópias em mais de 40 idiomas, no mundo todo. Outros best-sellers incluem *First Things First: Como definir prioridades num mundo sem tempo*, *Os 7 hábitos das famílias altamente eficazes*, *O 8º hábito: Da eficácia à grandeza* e *A 3ª alternativa: Resolvendo os problemas mais difíceis da vida*, com um total combinado de mais de 30 milhões de livros vendidos.

Como pai de nove filhos e avô de 43 netos, em 2003 recebeu o Prêmio de Paternidade da National Fatherhood Initiative, que ele alegou ter sido o reconhecimento mais importante que já recebera.

Outros prêmios concedidos ao Dr. Covey incluem o Thomas More College Medallion por serviços contínuos prestados à humanidade, Palestrante do Ano em 1999, o Prêmio Internacional de Homem da Paz dos sikhs em 1998, o Premio Internacional de Empreendedor do Ano em 1994, e o Prêmio Nacional de Empreendedor do Ano pelo Conjunto da Obra por Liderança Empresarial. O Dr. Covey foi reconhecido como um dos 25 Americanos Mais Influentes pela revista *Time*, e recebeu sete diplomas honorários de doutorado.

O Dr. Covey foi cofundador e vice-presidente da FranklinCovey Co., a mais importante empresa de serviços profissionais do mundo, com escritórios em 150 países. A FranklinCovey compartilha da visão, disciplina e paixão do Dr. Covey por inspirar, encorajar e fornecer ferramentas para a mudança e o crescimento.

DIÁRIO PESSOAL

A experiência de uma
vida mais eficaz

No início deste livro, foi apresentado o desafio de se ir além de simplesmente ler o que está escrito. O desafio era sentir, assimilar, começar a seguir o caminho para adotar uma vida mais eficaz.

É exatamente nesse ponto que você pode começar a assimilar os pensamentos apresentados pelo Dr. Covey.

Ao ler as mensagens, algumas ideias podem ter faiscado na sua mente. O propósito deste diário pessoal é não perder essas ideias — não perder essas faíscas —, mas transformá-las numa fogueira ardente.

Este diário pessoal exige esforço.

Perdemos o seu interesse?

Não é um esforço extremo. Não é um esforço estressante. Não é nem mesmo um esforço entediante.

Mas, ao passar as páginas deste diário pessoal,
tal esforço poderá inspirar uma mudança.
Na verdade, ele poderá mudar tudo.

Então, vamos começar examinando os cinco hábitos
para se desenvolver uma vida eficaz.

Deixe a natureza lhe ensinar sobre as leis naturais:
Reconheça e siga princípios encontrados nas leis da natureza.

Deixe a natureza aumentar seu nível de autoconhecimento:
Examine paradigmas pessoais para se tornar mais ciente deles e aceitar responsabilidade por suas ações.

Deixe a natureza lhe ensinar sobre como cuidar de relacionamentos:
Busque oportunidades para ser um líder na sua vida pessoal e nos seus relacionamentos ao voltar seu foco diário para pessoas, não para coisas.

Deixe a natureza guiar suas escolhas:
Encontre poder ao tomar as decisões corretas.

Deixe a natureza lhe mostrar como se deve celebrar a diversidade:
Celebre as diferenças ao seu redor.

DEIXE A NATUREZA LHE ENSINAR SOBRE AS LEIS NATURAIS

Você se dá tempo para refletir e ser introspectivo? É capaz de encontrar mais oportunidades para olhar para dentro de si mesmo e pensar com clareza? Qual é o seu plano?

Como pode parar de usar sua capa de chuva dentro do chuveiro?

Responda à citação:

> *"A tranquilidade leva ao pensamento
> criativo dinâmico e à comunicação criativa."*

Alcançar a tranquilidade é uma habilidade sua? Caso sua resposta seja afirmativa, como você faz isso? É capaz de ensinar a outros? Como pode melhorar?

Considere a Lei da Colheita. Que sementes você está plantando? Que frutos está colhendo? Que safra é generosa? O que você gostaria de mudar?

DEIXE A NATUREZA AUMENTAR SEU NÍVEL DE AUTOCONHECIMENTO

Dr. Covey afirmou que liberdade total é ter o poder de decidir

"como somos afetados por qualquer um ou qualquer coisa além de nós mesmos".

Se essa for a regra, você acredita ter alcançado a liberdade total? Caso sua resposta seja negativa, o que você pode mudar?

Considere a citação:

"Até sermos capazes de ver a nós mesmos de forma objetiva, continuaremos projetando nossas justificativas em outras pessoas automaticamente."

Você já viu isso acontecer na sua própria vida? Caso sua resposta seja positiva, de que forma você acha que isso afeta seus relacionamentos?

O que você pensa sobre esta citação do Dr. Covey?

> *"Você pode optar por não se deixar ofender, pode conversar com seu adversário e ouvir com empatia o que ele tem a dizer."*

Você já foi ofendido? No futuro, como pretende lidar com uma situação na qual se sinta ofendido?

Responda à citação:

> *"Sempre que pensarmos que o problema está 'lá fora', o problema é esse pensamento."*

Por que é mais fácil ser reativo do que proativo? Qual é a sua tendência pessoal? Como você pode melhorar?

DEIXE A NATUREZA LHE ENSINAR SOBRE COMO CUIDAR DE RELACIONAMENTOS

Você cria barreiras nocivas no seu relacionamento? Como elas são? Como você pode derrubá-las?

Descreva sua particular e preciosa cultura familiar.

Você conhece alguém que seja um bom ouvinte? Como se sente quando está com essa pessoa? Você provoca esse mesmo sentimento nos outros? Caso sua resposta seja negativa, como você planeja mudar?

Existe algum relacionamento do qual você gostaria de cuidar? Caso sua resposta seja positiva, com quem? Por quê? O que você planeja fazer para cuidar dele?

DEIXE A NATUREZA GUIAR SUAS ESCOLHAS

Você se adapta bem a mudanças? Vê mudanças como algo bom ou ruim? Por quê?

Liste 3-4 princípios de acordo com os quais você escolhe viver. Como eles ajudam você a encontrar a paz? Por que os escolheu? Em que outros princípios gostaria de trabalhar?

Dr. Covey compartilhou:

"Nossas escolhas refletem sabedoria e promovem contribuição."

O que você pensa sobre essa frase?

Você se lembra da ideia de levar consigo seu próprio clima? O que você pensou quando leu essa história? O que pode fazer para melhorar?

DEIXE A NATUREZA LHE MOSTRAR COMO SE DEVE CELEBRAR A DIVERSIDADE

Com que tipo de futuro você sonha para si mesmo? Para sua família? Para as pessoas mais próximas?

Você reconhece relacionamentos na sua vida em que o total é maior e melhor do que a soma das partes? Já sentiu o milagre da sinergia? É capaz de encontrar oportunidades para levar esse milagre para outros relacionamentos?

Quando está num relacionamento, de que forma o seu parceiro difere de você? Essas diferenças são valorizadas? Como e onde você pode encontrar uma forma de celebrar mais diferenças?

Você sente paz na sua vida? Reflita sobre a citação do Dr. Covey:

"Podemos servir de exemplo e criar paz no mundo. E expandir nossa influência para ajudar outras pessoas a descobrirem a paz."

O que precisa acontecer em sua vida para você se tornar um exemplo e criar paz, de forma que os outros possam descobri-la por seu intermédio?

Qual é o seu plano?

CONCLUSÃO

Qual foi o aprendizado mais profundo que absorveu deste livro? O que passou a compreender?

O que aprendeu com este livro que gostaria de compartilhar com outras pessoas? Com quem vai compartilhar seu aprendizado?

Que capítulo lhe afetou mais? Por quê?

AGRADECIMENTOS

Gostaríamos de expressar uma apreciação profunda e agradecer a todas as pessoas maravilhosas que tornaram este projeto possível:

- A aqueles cujas vidas e cujos textos apresentam sabedorias milenares. Nós tentamos aprender com o seu legado.
- A Chris McKenney da Mango Media por sua paciência, suas sugestões e orientações.
- Aos membros da equipe FranklinCovey que ajudaram com todo o processo. Por suas contribuições significativas. Em momentos muito desafiadores, eles demonstraram o caráter e a competência sobre os quais tentamos escrever.
- Acima de tudo, às nossas famílias e às famílias da equipe, cujo apoio e amor fez toda a diferença.

O AUTOR

Internacionalmente reconhecido como uma autoridade em liderança, Stephen R. Covey também foi especialista em família, professor, consultor organizacional e autor. Dedicou sua vida a ensinar a famílias e organizações princípios de vida e liderança. Formou-se em MBA pela Universidade de Harvard e obteve seu doutorado na Bringham Young University. Nesta, foi professor de comportamento organizacional e administração de empresas e exerceu os cargos de diretor de relações universitárias e assistente da presidência.

Dr. Covey escreveu vários best-sellers, entre eles *Os 7 hábitos das pessoas altamente eficazes*, considerado o livro de negócios mais influente do século XX e um dos dez mais importantes sobre administração de todos os tempos: vendeu mais de 25 milhões de exemplares em 38 idiomas em todo o mundo. Outros de seus sucessos são *Primeiro o mais importante*, *Liderança baseada em princípios*, *Os 7 hábitos das famílias altamente eficazes* e *O 8º hábito*, que, juntos, somam mais de 20 milhões de exemplares vendidos.

Pai de nove filhos e avô de 43 netos, recebeu em 2003 o Fatherhood Award da National Fatherhood Initiative, o prêmio mais significativo que já ganhou, em sua opinião. Outras premiações concedidas ao Dr. Covey incluem a Medalha da Faculdade Thomas Moore, pelos serviços continuamente prestados à humanidade; Palestrante do Ano, em 1999; o Prêmio Internacional do Homem de Paz de 1998, do Sikh; o Prêmio Empresário Internacional do Ano, em 1994; e o Prêmio de Empresário Nacional do Ano na categoria Liderança Empresarial.

Dr. Covey também foi apontado pela revista *Time* como um dos 25 americanos mais influentes e foi homenageado com sete títulos de doutor honoris causa. Foi cofundador e vice-presidente da FranklinCovey, empresa líder mundial em consultoria, presente em 123 países, com escritórios que compartilham da visão, da disciplina e da paixão do Dr. Covey, cujo objetivo é inspirar, elevar e oferecer ferramentas para a mudança e o desenvolvimento de pessoas e organizações no mundo inteiro.

Sobre a FranklinCovey

DECLARAÇÃO DE MISSÃO

Nós libertaremos o grande potencial que existe nas pessoas e nas organizações, onde quer que elas estejam.

CRENÇAS FUNDAMENTAIS

Acreditamos que:

1. As **pessoas** são naturalmente capazes, ambicionam crescimento, e têm poder de escolha.
2. **Princípios** são eternos e universais, e são a base para a eficácia duradoura.
3. **Liderança** é uma escolha, construída de dentro para fora tendo como base o caráter. Grandes líderes liberam nas pessoas o talento coletivo e a paixão rumo a meta certa.
4. **Hábitos e eficácia** vêm somente com o uso comprometido dos processos e ferramentas adequadas.
5. **Sustentar o desempenho superior** requer equilíbrio P/PC® — foco no alcance dos resultados e no aprimoramento das habilidades.

VALORES

1. **Compromisso com os princípios.** Nós somos apaixonados por nosso conteúdo e nos esforçamos por ser um modelo dos princípios e práticas que ensinamos.
2. **Impacto duradouro com os clientes.** Nós somos comprometidos em entregar aquilo que prometemos para nossos clientes. Nosso sucesso só é possível se eles também tiverem sucesso.
3. **Respeito pelo ser humano.** Nós valorizamos todos os indivíduos e tratamos cada pessoa com quem trabalhamos como verdadeiros parceiros.
4. **Crescimento sustentável.** Nós encaramos a rentabilidade e o crescimento como se fossem o coração de nossa organização; são eles que nos dão liberdade para cumprir nossa missão e visão.

A FranklinCovey (NYSE:FC) é líder global no treinamento em eficácia, em ferramentas de produtividade e serviços de avaliação para organizações, equipes e pessoas. Entre nossos clientes, estão 90% das 100 maiores empresas de *Fortune*, mais de 75% das 500 maiores de *Fortune*, milhares de pequenas e médias empresas, bem como numerosos órgãos governamentais e instituições de ensino. Organizações e pessoas têm acesso aos produtos e serviços da FranklinCovey mediante treinamento corporativo, facilitadores licenciados, *coaching* um a um, seminários públicos, catálogos, mais de 140 lojas de varejos e nosso *site* www.franklincovey.com.

A FranklinCovey conta com dois mil associados que oferecem serviços profissionais, produtos e materiais em 30 idiomas, em 60 escritórios e em 150 países.

PROGRAMAS E SERVIÇOS

Os 7 Hábitos das Pessoas Altamente Eficazes™

Os 7 Hábitos das Pessoas Altamente Eficazes – versão para Gestores™

As 4 Disciplinas da Execução™

As 5 Escolhas para a Produtividade Extraordinária™

Liderança-Grandes Líderes, Grandes Equipes, Grandes Resultados™

A Velocidade da Confiança™

Promovendo o Sucesso dos Clientes — Abastecendo seu Pipeline™

Promovendo o Sucesso dos Clientes — Qualificando Oportunidades™

Promovendo o Sucesso dos Clientes — Fechando a Venda™

Foco em Mim™

Liderança em Gerenciamento de Projetos™

Benchmark — Perfil 360º dos 7 Hábitos das Pessoas Altamente Eficazes™

xQ — Quociente de Execução®

tQ — Quociente de Confiança®

LQ — Quociente de Liderança®

O Líder em Mim™

AAP — All Access Pass™

A FranklinCovey Brasil é uma sólida organização voltada para a melhoria da eficácia corporativa e pessoal. Suas soluções baseiam-se no desenvolvimento da alta produtividade, gerenciamento de tempo, liderança, gestão da confiança, efetividade de vendas e excelência nos relacionamentos interpessoais. Desde 2000, a FranklinCovey Brasil já aplicou treinamentos em cerca de 130 das maiores empresas do país, utilizando uma metodologia baseada em princípios, que transformam essas organizações de dentro para fora, tornando-as altamente eficazes.

PROGRAMAS

Os 7 Hábitos das Pessoas Altamente Eficazes™
Os 7 Hábitos das Pessoas Altamente Eficazes – versão para Gestores™
As 4 Disciplinas da Execução™
As 5 Escolhas para a Produtividade Extraordinária™
Liderança — Grandes Líderes, Grandes Equipes, Grandes Resultados™
A Velocidade da Confiança™
Promovendo o Sucesso dos Clientes — Abastecendo seu Pipeline™
Promovendo o Sucesso dos Clientes — Qualificando Oportunidades™
Promovendo o Sucesso dos Clientes — Fechando a Venda™
Foco em Mim™
Liderança em Gerenciamento de Projetos™
Benchmark — Perfil 360º dos 7 Hábitos das Pessoas Altamente Eficazes™
xQ — Quociente de Execução®
tQ — Quociente de Confiança®
LQ — Quociente de Liderança®
O Líder em Mim

LIVROS

Em português
Os 7 hábitos das pessoas altamente eficazes
O 8o hábito – da eficácia a grandeza
As 4 disciplinas da execução
A 3ª alternativa
As 5 escolhas para a produtividade extraordinária
Faça bem feito ou não faça
Hábitos para uma vida eficaz
Liderança baseada em princípios
Primeiro o mais importante

Figura de transição
O gladiador moderno
O princípio do poder
Questões fundamentais da vida
Os 7 hábitos das famílias altamente eficazes
Os 7 hábitos dos adolescentes altamente eficazes

Em inglês
The 7 Habits of Highly Effective People
The 7 Habits of Highly Effective Families
Living The 7 Habits
The 10 Natural Laws of Successful Time and Life Management
What Matter Most
The Modern Gladiator
First Think First
Life Matters
Principle Centered Leadership
To Do, Doing, Done
Let's Get Real or Let's Not Play
Business Think
The 8th Habit

ÁUDIOS (INGLÊS)

Beyond the 7 Habits (4 CD set)
First Thing First (3 CD set)
Life Matters (4 CD set)
Mastering the 7 Habits (12 CD set)
Principle Centered Leadership (3 CD set)
The 7 Habits of Highly Effective People (3 CD set)

OUTRAS SOLUÇÕES FOCALIZADAS

Consultoria Organizacional
Certificação de Multiplicadores Internos no conteúdo FranklinCovey
Soluções Customizadas para empresas
Workshops Abertos
Programas de MBA em Liderança Organizacional
Licença de uso da Propriedade Intelectual
Soluções Eletrônicas e Aprendizado *on-line*
Personal Coaching
Palestras Especiais

FranklinCovey Brasil Ltda.
Rua Flórida, 1568
São Paulo, SP — 04565-001 — Brasil
Telefone: (11) 5105-4400
E-mail: info@franklincovey.com.br
Site: www.franklincovey.com.br

Este livro foi composto na tipologia Myriad Pro,
em corpo 10/13, e impresso em papel
offset 90 g/m² na Lis Gráfica.